skola - de School	2
ceļojums - de Törn	5
transports - de Transport	8
pilsēta - de Stadt	10
ainava - de Landschop	14
restorāns - dat Spieslokal	17
lielveikals - de Supermarkt	20
dzērieni - de Drünk	22
ēdiens - dat Eten	23
zemnieku saimniecība - de Buernhoff	27
māja - dat Huus	31
viesistaba - de Wahnstuuv	33
virtuve - de Köök	35
vannas istaba - de Baadstuuv	38
bērnu istaba - de Kinnerstuuv	42
apģērbs - dat Tüüch	44
birojs - dat Büro	49
ekonomika - de Weertschop	51
profesijas - de Profeschonen	53
instrumenti - dat Warktüüch	56
mūzikas instrumenti - de Musikinstrumenten	57
zooloģiskais dārzs - de Deertenpark	59
sports - de Sport	62
darbības - de Aktivitäten	63
ģimene - de Familje	67
ķermenis - de Lief	68
slimnīca - dat Krankenhuus	72
ārkārtas gadījums - de Nootfall	76
zeme - de Eerd	77
pulkstenis - de Klock	79
nedēļa - de Week	80
gads - dat Johr	81
formas - de Formen	83
krāsas - de Farven	84
pretstati - de Gegendelen	85
skaitļi - de Tallen	88
Valodas - de Spraken	90
kas / ko / kā - wokeen / wat / wo	91
kur - wo	92

Impressum
Verlag: BABADADA GmbH, Nedderfeld 112 , 22529 Hamburg
Geschäftsführer / Verlagsleitung: Harald Hof
Druck: Books on Demand GmbH, In de Tarpen 42, 22848 Norderstedt

Imprint
Publisher: BABADADA GmbH, Nedderfeld 112 , 22529 Hamburg, Germany
Managing Director / Publishing direction: Harald Hof
Print: Books on Demand GmbH, In de Tarpen 42, 22848 Norderstedt, Germany

skola
de School

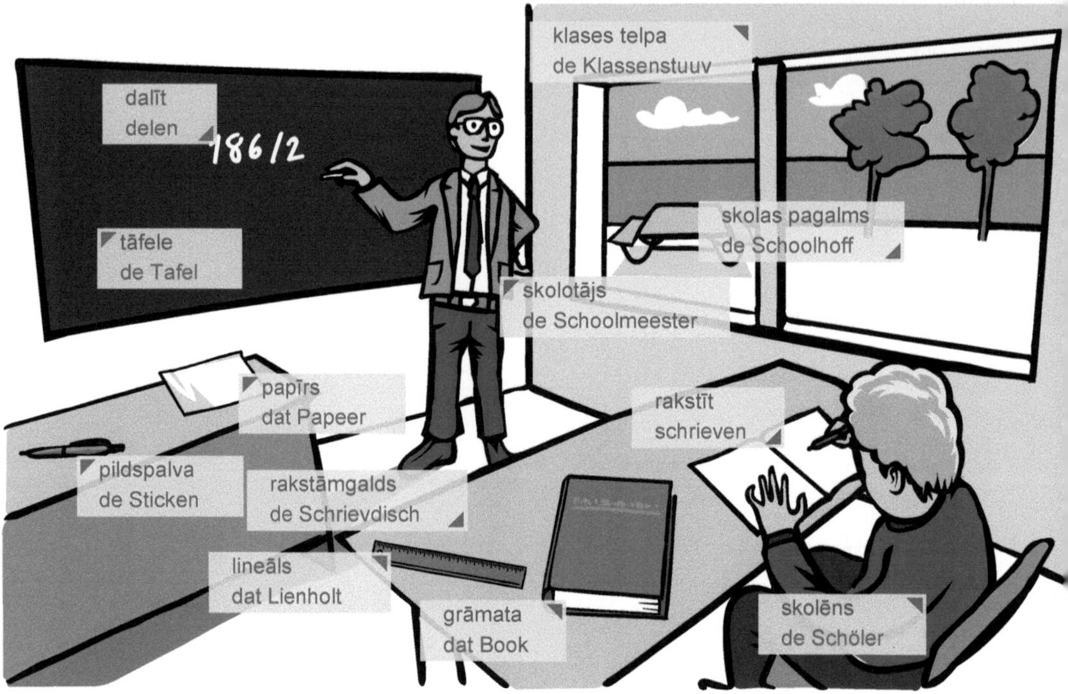
klases telpa
de Klassenstuuv
dalīt
delen
186/2
tāfele
de Tafel
skolas pagalms
de Schoolhoff
skolotājs
de Schoolmeester
papīrs
dat Papeer
rakstīt
schrieven
pildspalva
de Sticken
rakstāmgalds
de Schrievdisch
lineāls
dat Lienholt
grāmata
dat Book
skolēns
de Schöler

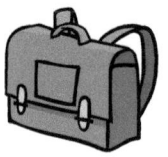

skolas soma

de Ranzel

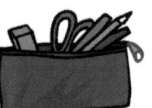

penālis

de Feddermapp

zīmulis

de Bleesticken

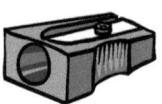

zīmuļu asināmais

de Scharpmaker

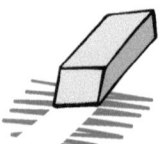

dzēšgumija

dat Radeergummi

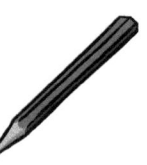

zīmēšanas bloks

de Tekenblock

zīmējums

de Teken

ota

de Pinsel

krāsas

de Malkassen

šķēres

de Scheer

līme

de Klever

darba burtnīca

dat Heft to'n Öven

mājas darbs

de Huusopgaav

skaitlis

de Tall

saskaitīt

tohooptellen

atņemt

aftrecken

reizināt

malnehmen

rēķināt

reken

burts

de Bookstaav

alfabēts

dat ABC

vārds

dat Woort

teksts

de Text

lasīt

lesen

krīts

de Kried

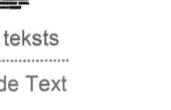

mācību stunda

de Stunn

žurnāls

dat Klassenbook

eksāmens

de Pröven

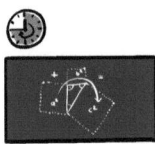

liecība

dat Tüügnis

skolas forma

de Schooluniform

izglītība

de Utbillen

enciklopēdija

dat Nakieksel

universitāte

de Universität

mikroskops

dat Mikroskop

karte

de Koort

papīrgrozs

de Papeerkorf

ceļojums
de Törn

viesnīca
dat Hotel
Grand
hostelis
de Harbarg
ROOMS
valūtas maiņas punkts
de Wesselstuuv
čemodāns
de Kuffer
automašīna
dat Auto

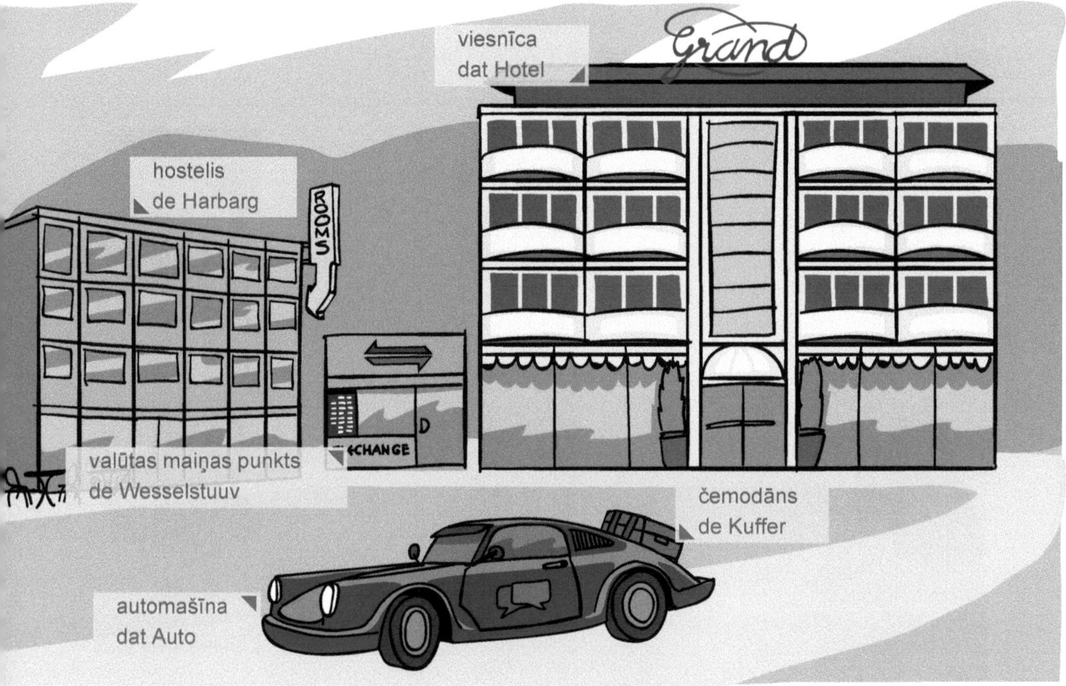

Valoda

de Spraak

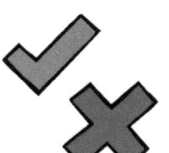

jā / nē

jo / ne

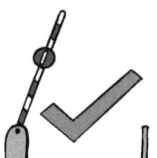

Okay

Jo

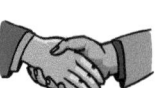

Sveiki!

Moin

tulks

de Översetter

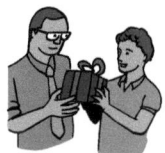

paldies

Dank ok

Cik maksā…?

Wat kost…?

Es nesaprotu

Ik verstah nich

problēma

dat Problem

Labvakar!

Goden Avend

Labrīt!

Moin!

Ar labu nakti!

Gode Nacht!

Uz redzēšanos

Tschüüs

virziens

de Richt

bagāža

de Bagaasch

soma

de Tasch

mugursoma

de Rüchsack

viesis

de Gast

istaba

de Stuuv

guļammaiss

de Slaapsack

telts

dat Telt

tūrisma informācija

de Touristeninformatschoon

pludmale

de Strand

kredītkarte

de Kreditkoort

brokastis

dat Fröhstück

pusdienas

dat Meddageten

vakariņas

dat Avendeten

biļete

de Fohrkort

lifts

de Fohrstohl

pastmarka

de Breefmark

robeža

de Grenz

muita

de Toll

vēstniecība

de Bottschop

vīza

dat Visum

pase

de Pass

transports

de Transport

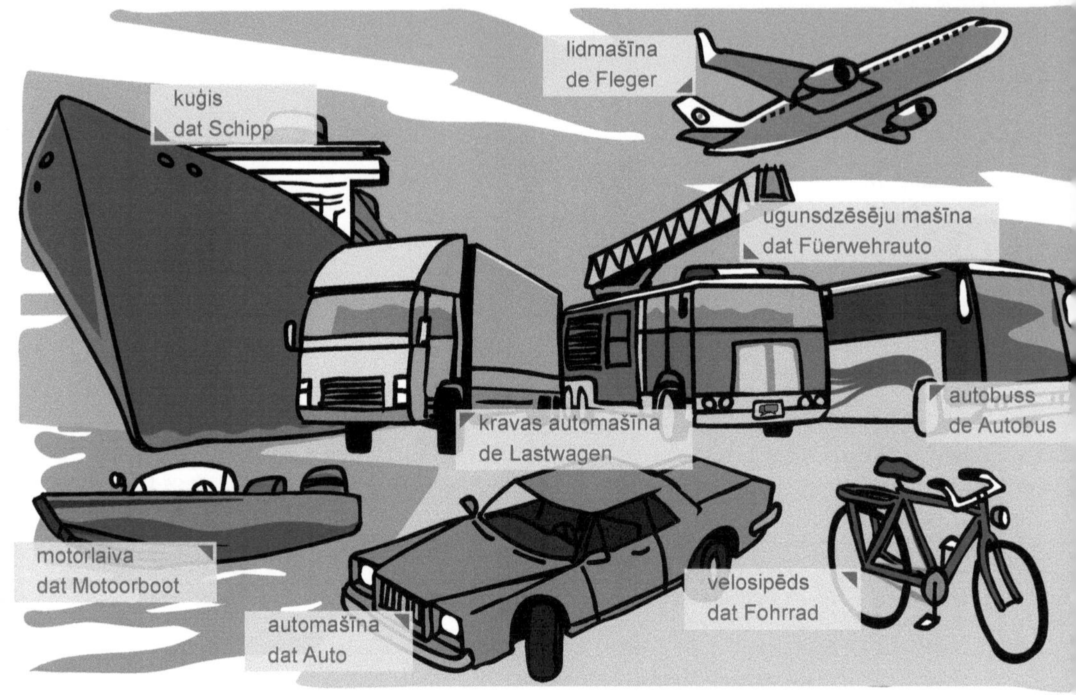
lidmašīna
de Fleger
kuģis
dat Schipp
ugunsdzēsēju mašīna
dat Füerwehrauto
autobuss
de Autobus
kravas automašīna
de Lastwagen
motorlaiva
dat Motoorboot
velosipēds
dat Fohrrad
automašīna
dat Auto

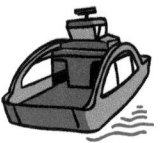

prāmis

de Fähr

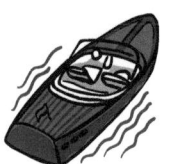

laiva

dat Boot

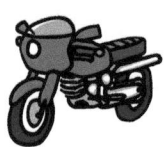

motocikls

dat Motoorrad

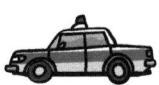

policijas automašīna

dat Polizeiauto

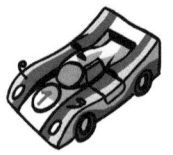

sacīkšu automobilis

dat Rönnauto

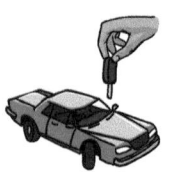

nomas auto

de Lehnwagen

auto koplietošana

dat Carsharing

evakuators

de Afsleepwagen

atkritumu mašīna

dat Müllauto

dzinējs

de Motoor

benzīns

de Kraftstoff

degvielas uzpildes stacija

de Tanksteed

ceļa zīme

dat Verkehrsschild

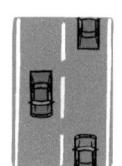

satiksme

de Verkehr

sastrēgums

de Stau

stāvvieta

de Afstellplatz

dzelzceļa stacija

de Bahnhoff

sliedes

de Sporen

vilciens

de Tog

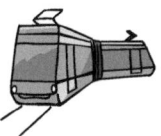

tramvajs

de Stratenbahn

vagons

de Wagon

helikopters

de Dwarsmöhl

lidosta

de Flooghaven

tornis

de Tower

pasažieris

de Fohrgast

konteiners

de Grootkist

kaste

de Karton

ratiņi

de Koor

grozs

de Korf

pacelties / nosēsties

starten / lannen

pilsēta

de Stadt

ciems

dat Dörp

pilsētas centrs

de Binnenstadt

māja

dat Huus

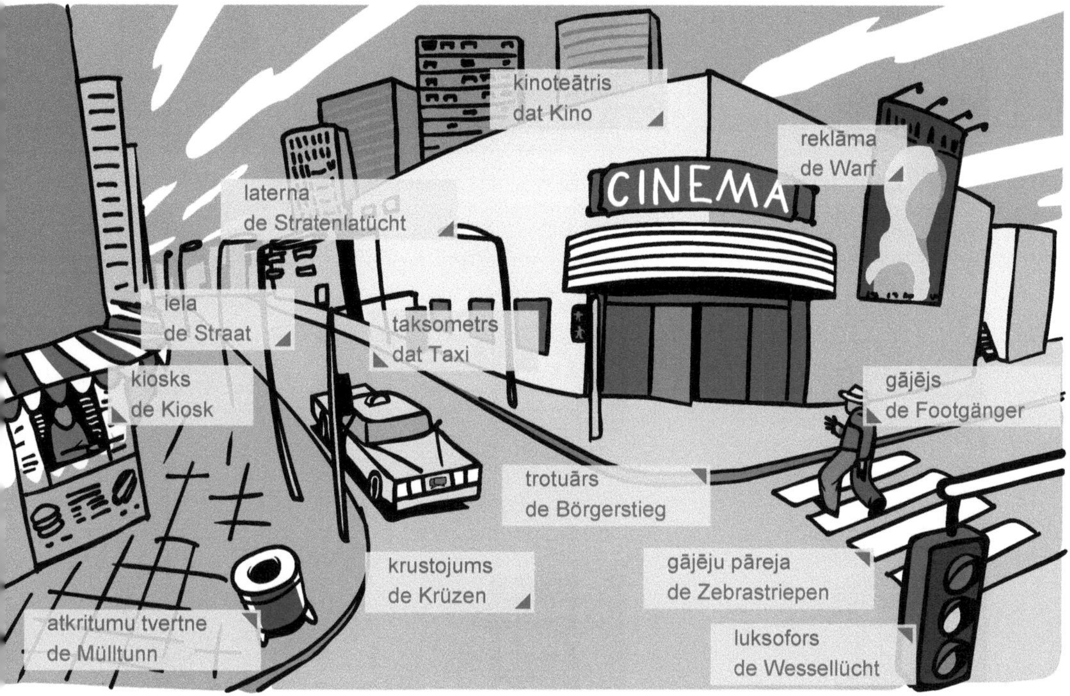
kinoteātris
dat Kino
CINEMA
reklāma
de Warf
laterna
de Stratenlatücht
iela
de Straat
taksometrs
dat Taxi
kiosks
de Kiosk
gājējs
de Footgänger
trotuārs
de Börgerstieg
krustojums
de Krüzen
gājēju pāreja
de Zebrastriepen
atkritumu tvertne
de Mülltunn
luksofors
de Wessellücht

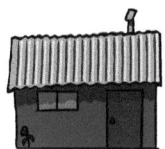

būda

de Hütt

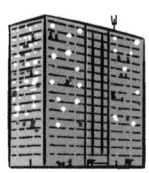

dzīvoklis

de Wahnung

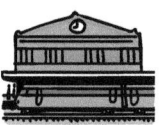

dzelzceļa stacija

de Bahnhoff

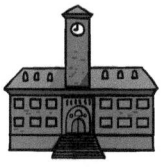

rātsnams

dat Raathuus

MUSEUM

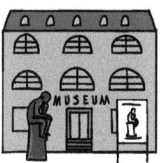

muzejs

dat Museum

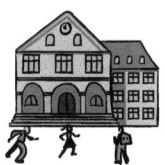

skola

de School

universitāte

de Universität

banka

de Bank

slimnīca

dat Krankenhuus

viesnīca

dat Hotel

aptieka

de Afteek

birojs

dat Büro

grāmatnīca

de Bookhökerie

veikals

de Hökerie

ziedu veikals

de Blomenhökerie

lielveikals

de Supermarkt

tirgus

de Markt

tirdzniecības centrs

dat Koophuus

zivju tirgotājs

de Fischhökerie

tirdzniecības centrs

dat Inkoopszentrum

osta

de Haven

parks

de Parkanlaag

sols

de Bank

tilts

de Brüch

kāpnes

de Trepp

metro

de Ünnergrundbahn

tunelis

de Tunnel

autobusa pieturvieta

de Busstoppsteed

bārs

de Bar

restorāns

dat Spieslokal

pastkastīte

de Breefkassen

ielas nosaukuma plāksne

dat Stratenschild

stāvlaika skaitītājs

de Parkklock

zooloģiskais dārzs

de Deertenpark

peldbaseins

de Baadanstalt

mošeja

de Moschee

zemnieku saimniecība

de Buernhoff

vides piesārņojums

de Ümweltversmudden

kapsēta

de Karkhoff

baznīca

de Kark

spēļu laukums

de Speelplatz

templis

de Tempel

ainava

de Landschop

lapa
dat Blatt

ceļrādis
de Wiespahl

ceļš
de Weg

pļava
de Wisch

akmens
de Steen

ceļotājs
de Wannerer

koks
de Boom

upe
de Fluss

zāle
dat Gras

puķe
de Bloom

ieleja

dat Daal

kalns

de Barg

ezers

de See

mežs

dat Holt

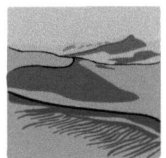

tuksnesis

de Wööst

vulkāns

de Füerspien Barg

pils

dat Slott

varavīksne

de Regenbagen

sēne

de Poggenstohl

palma

de Palm

moskīts

de Steekmück

muša

de Fleeg

skudra

de Miegeemk

bite

de Imm

zirneklis

de Spinn

ainava - de Landschop   15

vabole

de Sebber

varde

de Pogg

vāvere

de Katteker

ezis

de Swienegel

zaķis

de Haas

pūce

de Uul

putns

de Vagel

gulbis

de Swaan

meža cūka

dat Wildswien

briedis

de Hirsch

alnis

de Elk

aizsprosts

de Staudamm

vēja ģenerators

dat Windrad

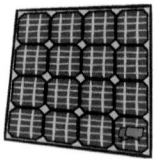

saules baterija

dat Solarmodul

klimats

dat Klima

viesmīlis
de Kellner

ēdienkarte
de Spieskoort

krēsls
de Stohl

zupa
de Supp

pica
de Pizza

galda piederumi
dat Bestick

galdauts
de Dischdeek

uzkoda

de Vörspies

pamatēdiens

dat Haupteten

deserts

de Nadisch

dzērieni

de Drünk

ēdiens

dat Eten

pudele

de Buddel

ātrās uzkodas

dat Fastfood

ielu uzkodas

dat Strateneten

tējkanna

de Teekann

cukurtrauks

de Zuckerdoos

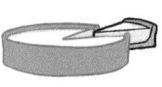

porcija

de Portschoon

espresso kafijas automāts

de Espressomaschien

bāra krēsls

de Hoochstohl

rēķins

de Reken

paplāte

dat Tablett

nazis

dat Mess

dakša

de Gavel

karote

de Lepel

tējkarote

de Teelepel

salvete

dat Munddook

glāze

dat Glas

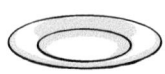

šķīvis

de Töller

zupas šķīvis

de Suppentöller

apakštase

de Ünnertass

mērce

de Sooß

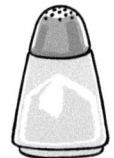

sāls trauciņš

de Soltstreuer

piparu dzirnaviņas

de Pepermöhl

etiķis

de Etig

eļļa

dat Ööl

garšvielas

de Krüder

kečups

de Ketchup

sinepes

de Mostrich

majonēze

de Mayonnaise

lielveikals

de Supermarkt

piedāvājums
dat Anbott
FOR
klients
de Kunn
piena produkti
de Melkprodukten
augļi
dat Aaft
iepirkumu ratiņi
de Inkoopswagen

BUTCHERS

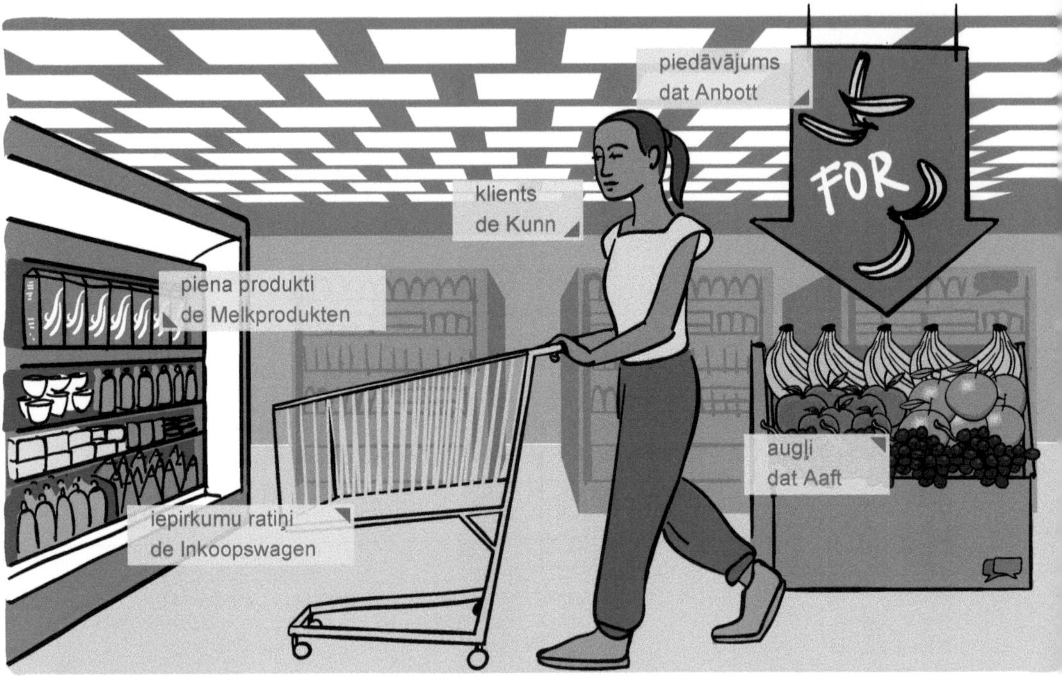

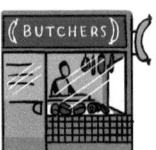

kautuve

de Slachterie

BAKERY

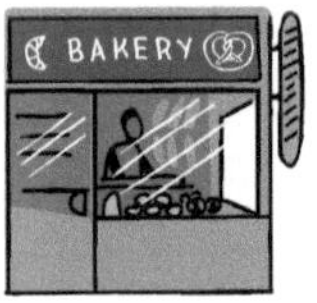

maizes veikals

de Bäckerie

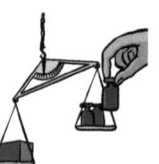

svērt

wegen

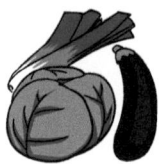

dārzeņi

de Gröönsaken

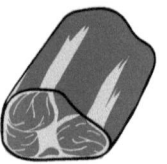

gaļa

dat Fleesch

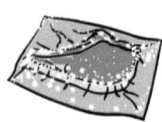

saldēti produkti

de Deepköhlkost

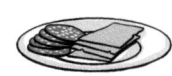

aukstās gaļas uzkodas

de Opsnitt

konservi

de Konserven

pulveris

de Waschmiddel

saldumi

de Snoopkraam

mājsaimniecības preces

de Huushooltssaken

tīrīšanas līdzeklis

de Reinmaaktüüch

pārdevēja

de Verköpersche

kase

de Kass

kasieris

de Kasserer

iepirkumu saraksts

de Inkoopslist

darba laiks

de Opsparrtieden

maks

de Breeftasch

kredītkarte

de Kreditkoort

soma

de Tasch

maisiņš

de Plastiktüüt

ūdens

dat Water

sula

de Saft

piens

de Melk

kola

de Cola

vīns

de Wien

alus

dat Beer

alkohols

de Spriet

kakao

de Kakao

tēja

de Tee

kafija

de Koffie

espresso

de Espresso

kapučīno

de Cappucino

banāns
....
de Banaan

ābols
....
de Appel

apelsīns
....
de Appelsien

melone
....
de Meloon

citrons
....
de Zitroon

burkāns
....
de Wöttel

ķiploks
....
de Knuuvlook

bambuss
....
de Bambus

sīpols
....
de Zibbel

sēne
....
de Poggenstohl

rieksti
....
de Nööt

makaroni
....
de Nudeln

spageti
de Spaghetti

rīsi
de Ries

salāti
de Salat

frī kartupeļi
de Pommes frites

cepti kartupeļi
de Braadkantüffeln

pica
de Pizza

hamburgers
de Hamborger

sviestmaize
dat Sandwich

šnicele
dat Snitzel

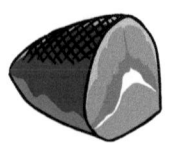
šķiņķis
de Schinken

salami
de Salami

desa
de Wust

vista
dat Hohn

cepetis
de Braden

zivs
de Fisch

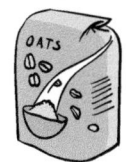

auzu pārslas

de Haverflocken

muslis

dat Müsli

brokastu pārslas

de Cornflakes

milti

dat Mehl

radziņš

de Croissant

brokastu maizītes

dat Rundstück

maize

dat Broot

tostermaize

dat Toast

cepumi

de Keksen

sviests

de Botter

biezpiens

de Quark

kūka

de Koken

ola

dat Ei

cepta ola

dat Spegelei

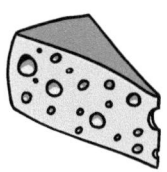

siers

de Kees

saldējums

de Ies

cukurs

de Zucker

medus

de Honnig

marmelāde

de Marmelaad

riekstu krēms

de Nougat-Creme

karijs

dat Curry

ēdiens - dat Eten

zemnieku saimniecība
de Buernhoff

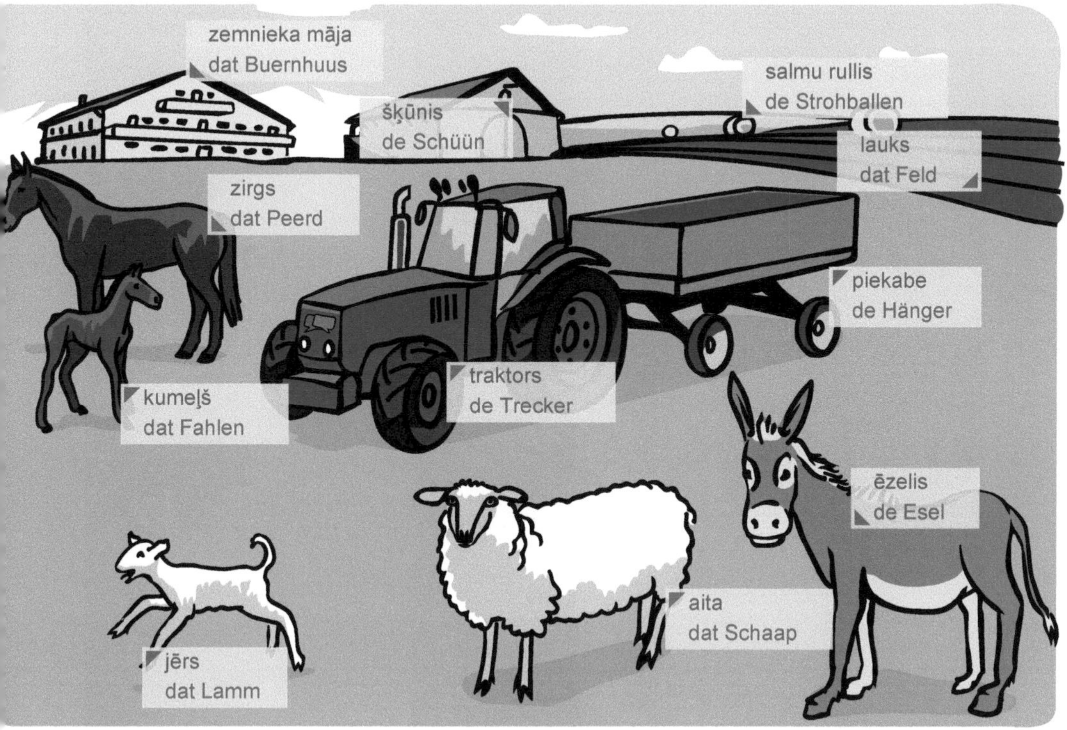
zemnieka māja
dat Buernhuus
šķūnis
de Schüün
salmu rullis
de Strohballen
lauks
dat Feld
zirgs
dat Peerd
piekabe
de Hänger
traktors
de Trecker
kumeļš
dat Fahlen
ēzelis
de Esel
aita
dat Schaap
jērs
dat Lamm

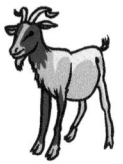

kaza
de Zeeg

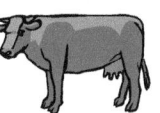

govs
de Koh

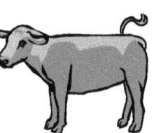

teļš
dat Kalf

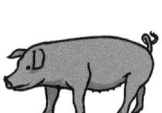

cūka
dat Swien

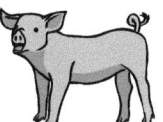

sivēns
dat Farken

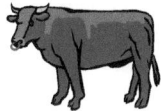

bullis
de Bull

zoss

de Goos

pīle

de Aant

cālis

dat Küken

vista

dat Hohn

gailis

de Hahn

žurka

de Rott

kaķis

de Katt

pele

de Muus

vērsis

de Oss

suns

de Hund

suņa būda

de Hunnenhütt

dārza šļūtene

de Goornslauch

lejkanna

de Geetkann

izkapts

de Lee

arkls

de Ploog

sirpis

de Sich

kaplis

de Hack

mēslu dakša

de Mestfork

cirvis

de Ext

ķerra

de Schuufkoor

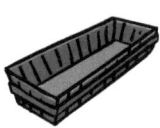

sile

de Trog

piena kanna

de Melkkann

maiss

de Sack

žogs

de Tuun

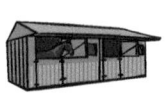

kūts

de Stall

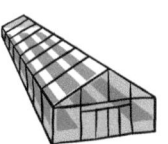

siltumnīca

dat Drievhuus

augsne

de Bodden

sēklas

de Saat

mēslojums

de Dünger

kombains

de Meihdöscher

novākt ražu
oornen

raža
de Oorn

jamss
de Yamswöttel

kvieši
de Weten

soja
dat Soja

kartupelis
de Kantüffel

kukurūza
de Törksche Weten

rapsis
de Rapp

augļu koks
de Aaftboom

manioka
de Troopsch Kantüffel

labība
dat Koorn

māja
dat Huus

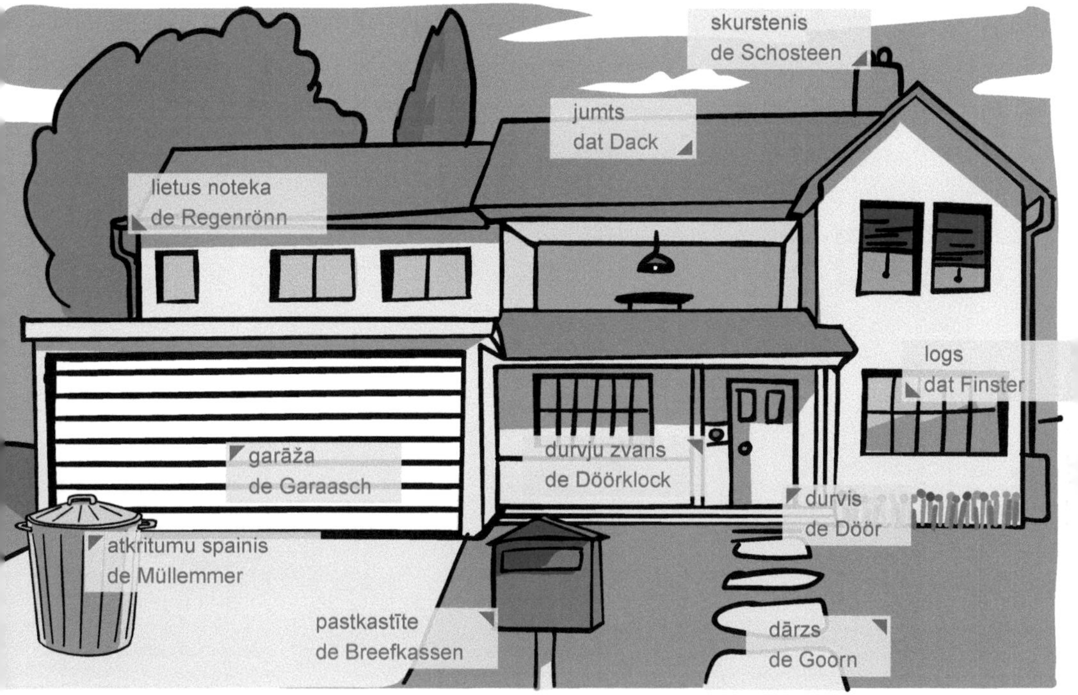
skurstenis
de Schosteen
jumts
dat Dack
lietus noteka
de Regenrönn
logs
dat Finster
garāža
de Garaasch
durvju zvans
de Döörklock
durvis
de Döör
atkritumu spainis
de Müllemmer
pastkastīte
de Breefkassen
dārzs
de Goorn

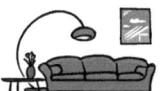

viesistaba

de Wahnstuuv

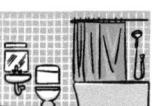

vannas istaba

de Baadstuuv

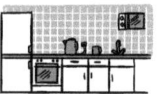

virtuve

de Köök

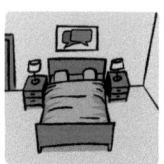

guļamistaba

de Slaapstuuv

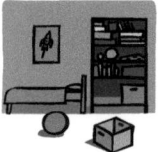

bērnu istaba

de Kinnerstuuv

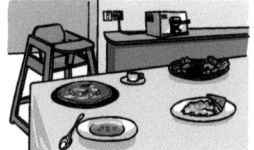

ēdamistaba

de Eetstuuv

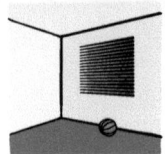

grīda

de Footbodden

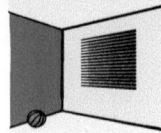

siena

de Wand

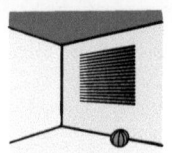

griesti

de Deek

pagrabs

de Keller

sauna

dat Hittluftbad

balkons

de Balkon

terase

de Terrass

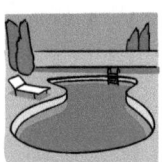

baseins

dat Swümmbad

zāles pļāvējs

de Rasenmeiher

gultas veļa

de Bettbetog

sega

de Bettdeek

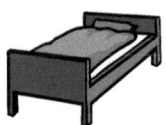

gulta

de Puuch

slota

de Bessen

spainis

de Emmer

slēdzis

de Schalter

viesistaba
de Wahnstuuv

tapetes
de Tapeet
attēls
dat Bild
lampa
de Lamp
plaukts
dat Regal
skapis
dat Schapp
televizors
de Kiekkassen
kamīns
de Kamin
puķe
de Bloom
spilvens
dat Küssen
dīvāns
dat Sofa
vāze
de Vaas
tālvadības pults
de Feernbedenen

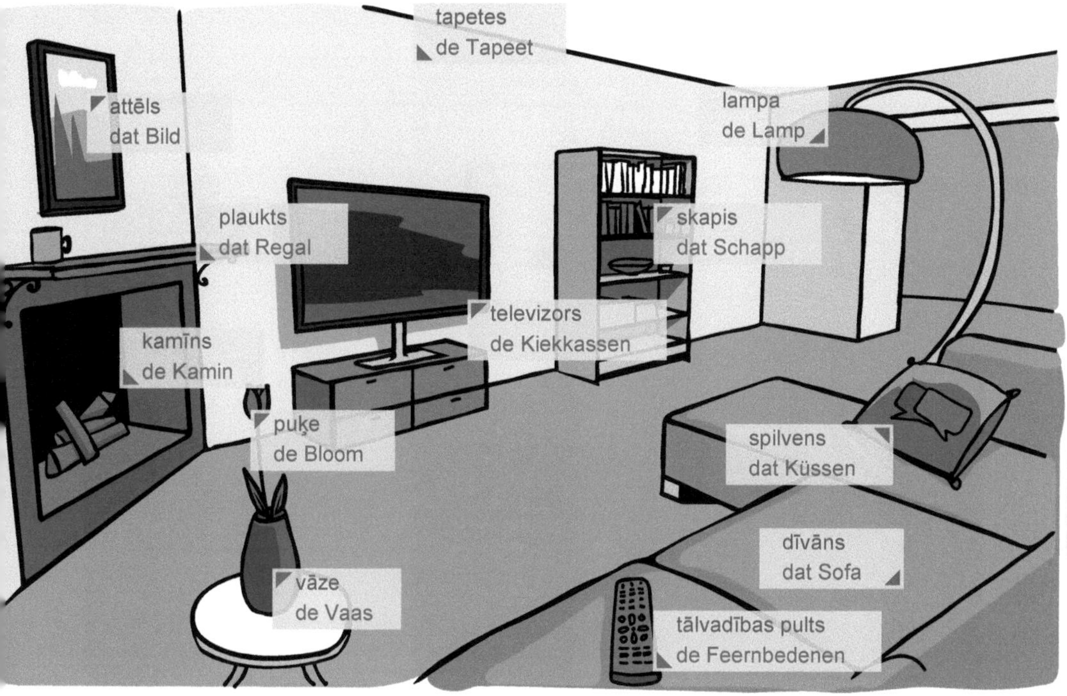

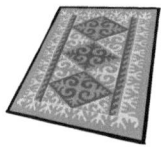

paklājs

de Teppich

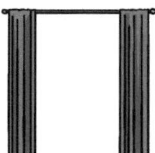

aizkars

de Vörhang

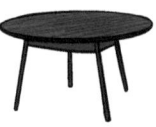

galds

de Disch

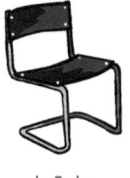

krēsls

de Stohl

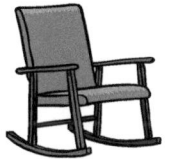

šūpuļkrēsls

de Schuckelstohl

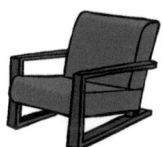

atpūtas krēsls

de Sessel

grāmata

dat Book

sega

de Deek

dekorācija

de Dekoratschoon

malka

dat Füerholt

filma

de Film

mūzikas centrs

de Stereoanlaag

atslēga

de Slötel

avīze

dat Narichtenblatt

glezna

dat Gemälde

plakāts

dat Poster

radio

dat Radio

pierakstu blociņš

de Opschrievblock

putekļu sūcējs

de Huulbessen

kaktuss

de Kaktus

svece

de Kars

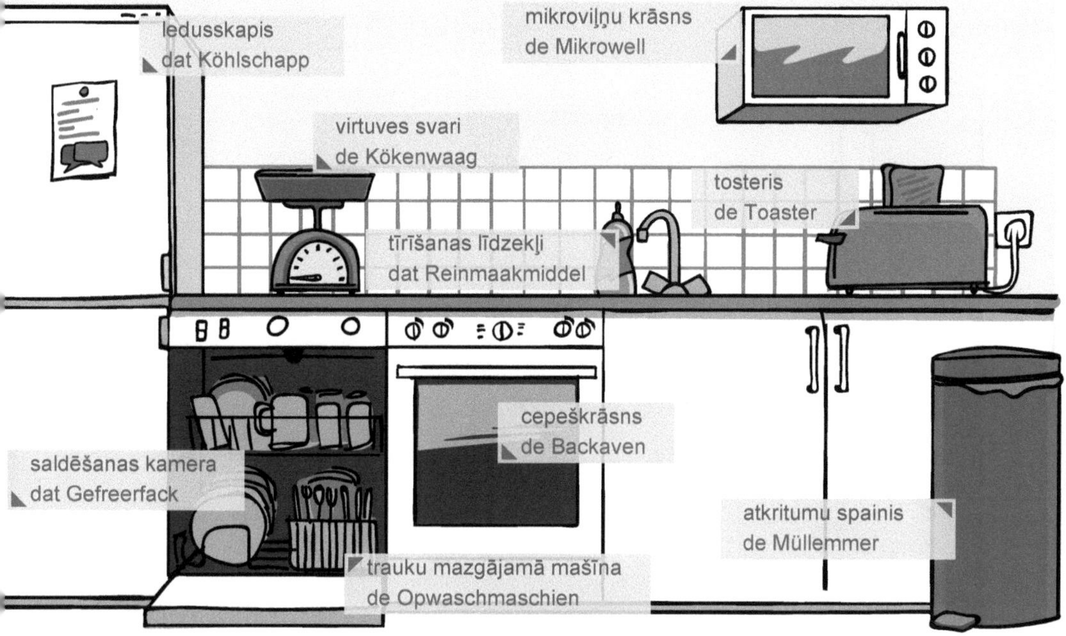

ledusskapis
dat Köhlschapp

mikroviļņu krāsns
de Mikrowell

virtuves svari
de Kökenwaag

tosteris
de Toaster

tīrīšanas līdzekļi
dat Reinmaakmiddel

cepeškrāsns
de Backaven

saldēšanas kamera
dat Gefreerfack

atkritumu spainis
de Müllemmer

trauku mazgājamā mašīna
de Opwaschmaschien

plīts
de Heerd

pods
de Pott

katls
de Gussiesern Putt

Wok panna
de Wok / Kadai

panna
de Pann

elektriskā tējkanna
de Waterkaker

tvaika katls

de Dampkaakputt

cepešpanna

dat Backblick

trauki

dat Geschirr

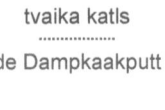

krūze

de Beker

bļoda

de Schaal

irbulīši

de Eetsticken

kauss

de Suppenkell

lāpstiņa

de Pannenwenner

putošanas slotiņa

de Sneebessen

sietiņš

dat Kaakseef

siets

dat Seef

rīve

de Riev

piesta

de Mörser

grilēt

de Grill

atklāts pavards

de Füerstell

dēlis

dat Sniedbrett

mīklas rullis

dat Nudelholt

korķu viļķis

de Proppentrecker

bundža

de Doos

konservu nazis

de Dosenaapner

virtuves cimdi

de Pottlappen

izlietne

dat Waschbecken

birste

de Böst

sūklis

de Swamm

mikseris

de Mixer

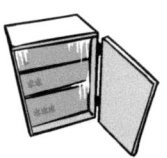

saldētava

dat Iesschapp

bērna pudelīte

de Nuckelbuddel

ūdenskrāns

de Waterhahn

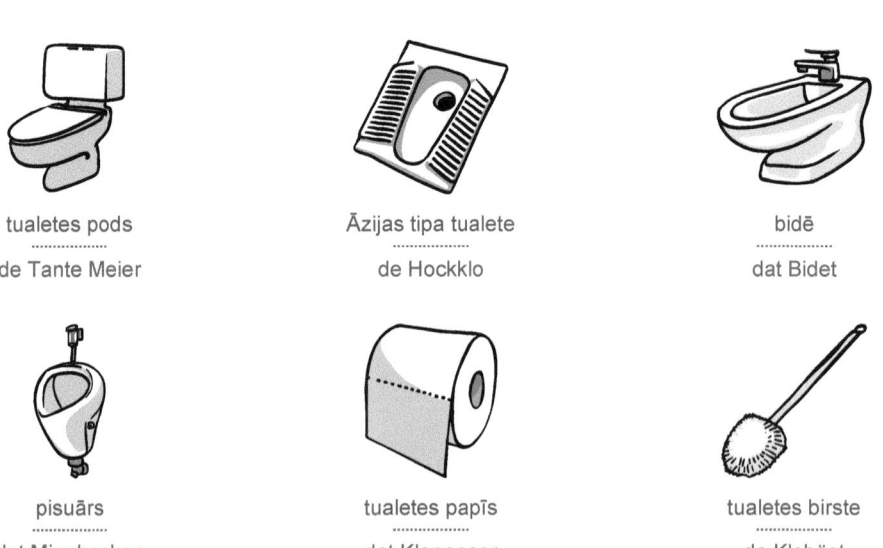

vannas istaba

de Baadstuuv

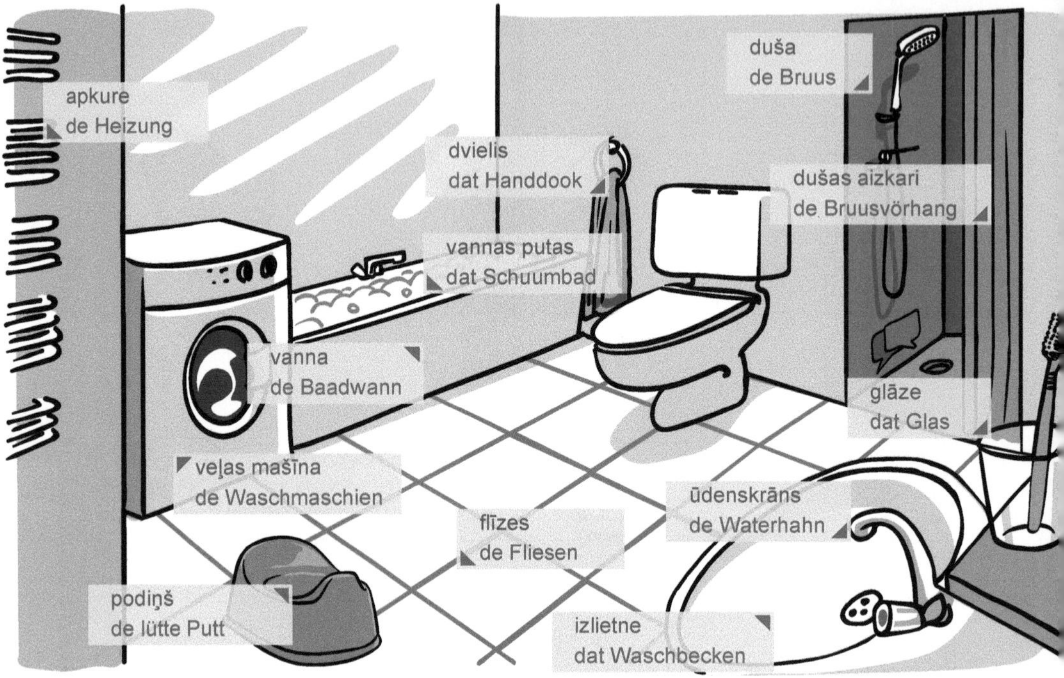
apkure
de Heizung
duša
de Bruus
dvielis
dat Handdook
dušas aizkari
de Bruusvörhang
vannas putas
dat Schuumbad
vanna
de Baadwann
glāze
dat Glas
veļas mašīna
de Waschmaschien
ūdenskrāns
de Waterhahn
flīzes
de Fliesen
podiņš
de lütte Putt
izlietne
dat Waschbecken

tualetes pods

de Tante Meier

Āzijas tipa tualete

de Hockklo

bidē

dat Bidet

pisuārs

dat Miegbecken

tualetes papīs

dat Klopapeer

tualetes birste

de Kloböst

zobu birste

de Tähnböst

zobu pasta

de Tähnpast

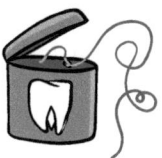

zobu diegs

de Tähnsied

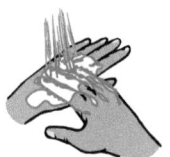

mazgāt

waschen

rokas duša

de Handbruus

duša

de Intimbruus

bļoda

de Waschschöttel

muguras mazgāšanas birste

de Rüchböst

ziepes

de Seep

dušas želeja

dat Bruusgeel

šampūns

dat Hoorwaschmiddel

mazgāšanas drāna

de Waschlappen

noteka

de Afloop

krēms

de Creme

dezodorants

dat Deodorant

spogulis

de Spegel

spogulītis

de Kosmetikspegel

skuveklis

de Raserer

skūšanās putas

de Raseerschuum

losjons pēc skūšanās

dat Raseerwater

ķemme

de Kamm

matu suka

de Böst

matu fēns

de Hoordröger

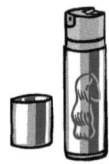

matu laka

dat Hoorspray

grima komplekts

de Smink

lūpu krāsa

de Lippensticken

nagulaka

de Nagellack

vate

de Watt

šķērītes

de Nagelscheer

smaržas

dat Rüükwater

kosmētikas maks

de Kulturbüdel

ķeblītis

de Schemel

svari

de Waag

halāts

de Baadmantel

tīrīšanas cimdi

de Gummihanschen

tampons

de Tampon

pakete

de Damenbinn

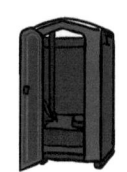

ķīmiskā tualete

dat Chemieklo

bērnu istaba
de Kinnerstuuv

modinātājs
de Wecker
mīkstā rotaļlieta
dat Knudeldeert
spēļu automašīna
dat Speeltüüchauto
grabulis
de Klöter
leļļu māja
dat Poppenhuus
dāvana
dat Geschenk

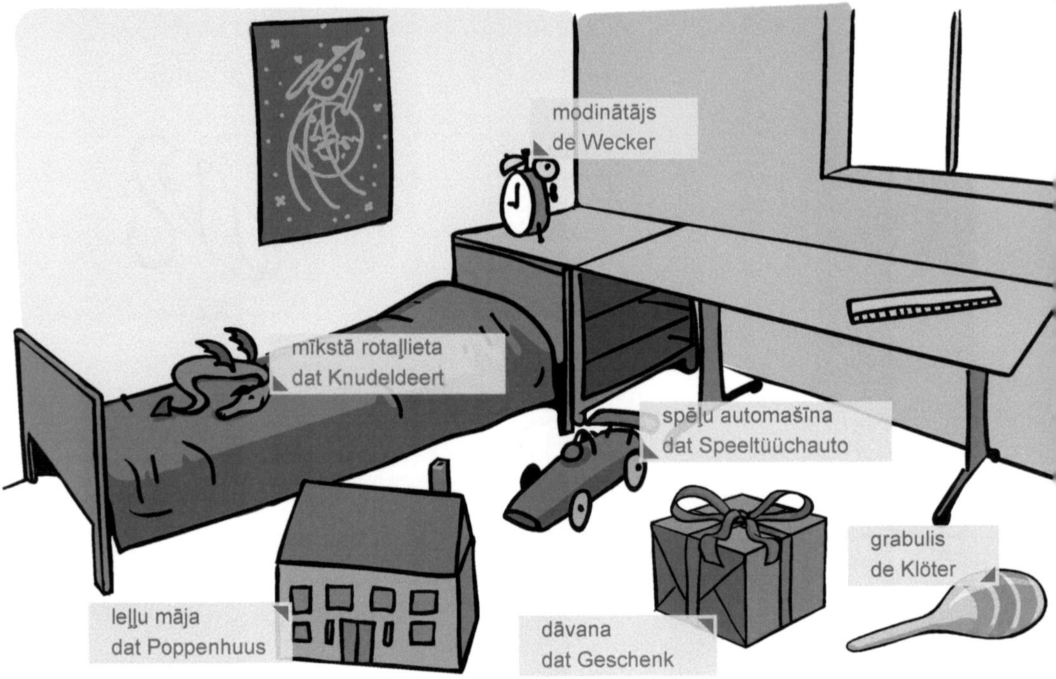

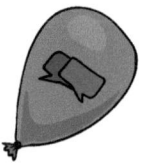

balons
de Luftballon

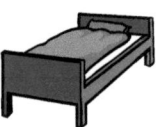

gulta
de Puuch

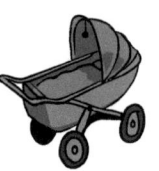

bērnu ratiņi
de Kinnerwagen

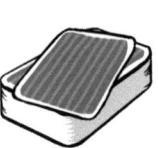

kārtis
dat Koortenspeel

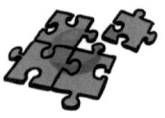

puzle
dat Puzzle

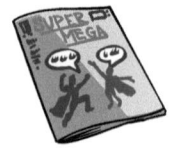

komikss
de Billergeschicht

LEGO klucīši

de Legostenen

klucīši

de Bustenen

varoņu figūra

de Action-Figur

rāpulītis

de Strampelantog

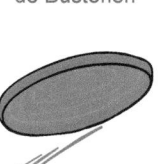

lidojošais šķīvītis

de Frisbeeschiev

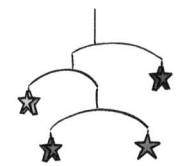

muzikālais karuselis

dat Mobile

galda spēle

dat Brettspeel

metamais kauliņš

de Wörpel

rotaļu dzelzceļš

de Modelliesenbahn

māneklis

de Snuller

ballīte

de Party

bilžu grāmata

dat Billerbook

bumba

de Ball

lelle

de Popp

spēlēt

spelen

smilšu kaste

de Sandkassen

šūpoles

de Schuckel

rotaļlietas

dat Speeltüüch

spēļu konsole

de Speelkonsool

trīsritenis

dat Dreerad

plīša lācītis

de Teddyboor

drēbju skapis

dat Klederschapp

apģērbs

dat Tüüch

īszeķes

de Socken

zeķes

de Strümp

zeķbikses

de Strumpbüx

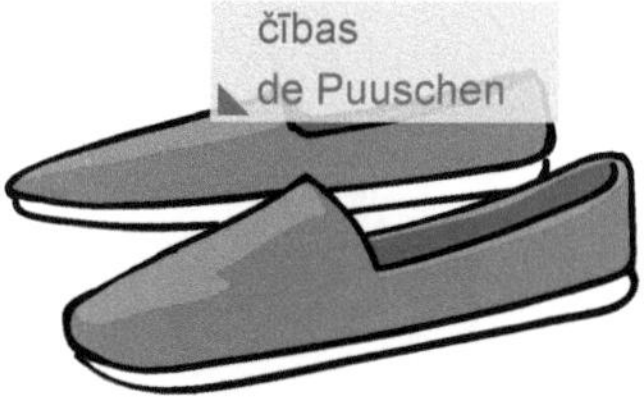

šalle
dat Halsdook

lietussargs
de Paraplü

T-krekls
dat T-Shirt

siksna
de Liefreem

zābaks
de Stevel

čības
de Puuschen

botas
de Turnschoh

sandales
de Sandalen

kurpes
de Schoh

gumijas zābaki
de Gummistevel

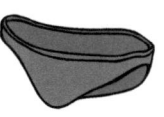

apakšbikses
de Ünnerbüx

krūšturis
de Bostholler

apakškrekls
dat Ünnerhemd

bodijs

de Lief

bikses

de Büx

džinsi

de Jeansnüx

svārki

de Rock

blūze

de Bluus

krekls

dat Hemd

pulovers

de Pullover

džemperis

de Kapuzenpullover

žakete

de Blazer

jaka

de Jack

mētelis

de Mantel

lietus mētelis

de Övertrecker

kostīms

dat Kostüm

kleita

dat Kleed

kāzu kleita

dat Hochtietskleed

uzvalks

de Antog

naktskrekls

dat Nachtkleed

pidžama

de Slaapantog

sari

de Sari

lakats

dat Koppdook

turbāns

de Turban

burka

de Burka

kaftāns

de Kaftan

abaja

de Abaya

peldkostīms

de Baadantog

peldbikses

de Baadbüx

šorti

de Korte Büx

treniņtērps

de Antog to'n Öven

priekšauts

de Schört

cimdi

de Handschoh

poga

de Knopp

brilles

de Brill

rokassprādze

dat Armband

kaklarota

de Halskeed

gredzens

de Ring

auskars

de Ohrbummel

cepure

de Mütz

drēbju pakaramais

de Klederbögel

platmale

de Hoot

kaklasaite

de Binner

rāvējslēdzējs

de Rietslüter

ķivere

de Helm

bikšturi

dat Drachtband

skolas forma

de Schooluniform

uniforma

de Uniform

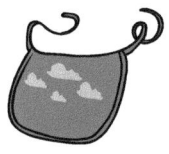

priekšautiņš

de Severböten

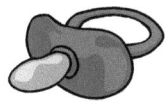

māneklis

de Snuller

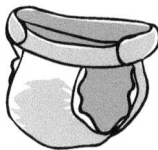

autiņbiksītes

de Winnel

birojs
dat Büro

serveris
de Server
dokumentu skapis
dat Aktenschapp
printeris
de Drucker
papīrs
dat Papeer
monitors
de Bildschirm
rakstāmgalds
de Schrievdisch
pele
de Muus
dokumentu vāki
de Orner
klaviatūra
dat Knoopboord
papīrgrozs
de Papeerkorf
krēsls
de Stohl
dators
de Computer

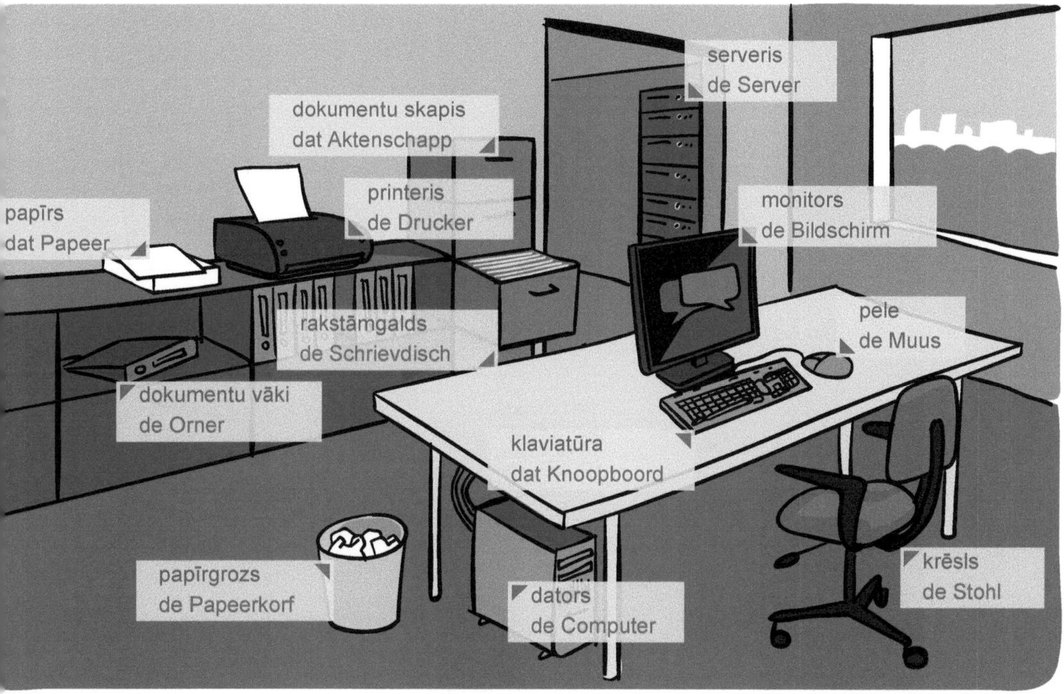

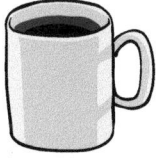

kafijas krūze

de Koffiebeker

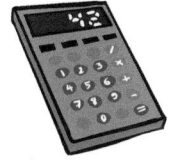

kalkulators

de Taschenreekner

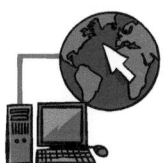

internets

dat Internet

portatīvais dators

de Klappreekner

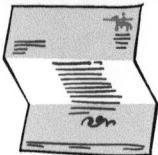

vēstule

de Breef

ziņa

de Naricht

mobilais tālrunis

de Ackersnacker

tīkls

dat Nettwark

kopētājs

de Kopeerapparat

programmatūra

de Software

telefons

de Klöönkassen

rozete

de Steekdoos

faksa aparāts

de Faxapparat

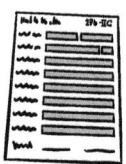

formulārs

dat Formulor

dokuments

dat Dokument

pirkt

köpen

samaksāt

betahlen

tirgot

hanneln

nauda

dat Geld

dolārs

de Dollar

eiro

de Euro

jēna

de Yen

rublis

de Ruvel

franks

de Swiezer Franken

juaņa renminbi

de Renminbi Yuan

rūpija

de Rupie

bankomāts

de Geldautomat

valūtas maiņas punkts

de Wesselstuuv

zelts

dat Gold

sudrabs

dat Sülver

nafta

dat Ööl

enerģija

de Energie

cena

de Pries

līgums

de Verdrag

nodoklis

de Stüer

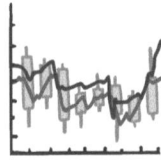

akcija

de Andeelschien

strādāt

arbeiden

darbinieks

de Anstellte

darba devējs

de Arbeitgever

fabrika

de Fabrik

veikals

de Hökerie

profesijas
de Profeschonen

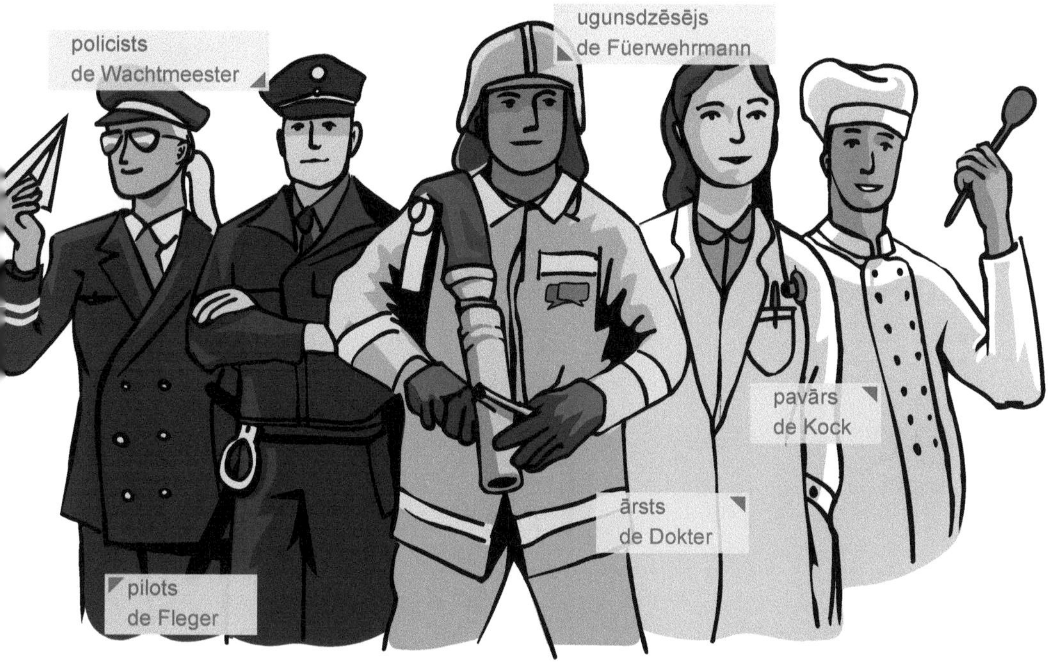

policists
de Wachtmeester
ugunsdzēsējs
de Füerwehrmann
pavārs
de Kock
ārsts
de Dokter
pilots
de Fleger

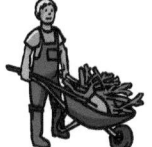

dārznieks

de Goorner

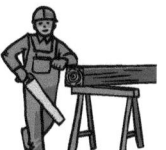

galdnieks

de Discher

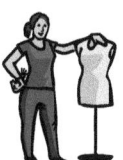

šuvēja

de Neihersche

tiesnesis

de Richter

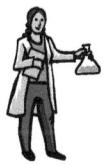

ķīmiķis

de Chemiker

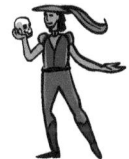

aktieris

de Schauspeler

autobusa vadītājs

de Busfohrer

taksometra vadītājs

de Taxifohrer

zvejnieks

de Fischer

apkopēja

de Reinmaakfru

jumiķis

de Dackdecker

viesmīlis

de Kellner

mednieks

de Jäger

gleznotājs

de Maler

maiznieks

de Bäcker

elektriķis

de Elektriker

celtnieks

de Buarbeider

inženieris

de Ingenieur

miesnieks

de Slachter

skārdnieks

de Klempner

pastnieks

de Postbüdel

karavīrs

de Suldat

arhitekts

de Architekt

kasieris

de Kasserer

florists

de Florist

frizieris

de Putzbüdel

konduktors

de Schaffner

mehāniķis

de Mechaniker

kapteinis

de Kaptein

zobārsts

de Tähndokter

zinātnieks

de Wetenschopler

rabīns

de Rabbi

imāms

de Imam

mūks

de Mönk

mācītājs

de Paap

instrumenti
dat Warktüüch

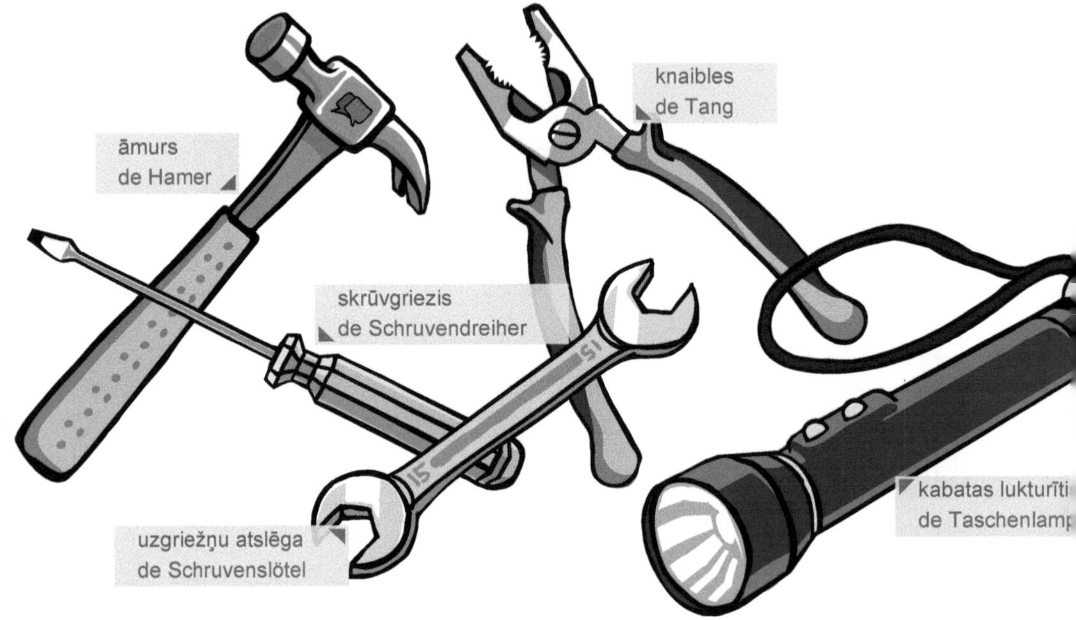
āmurs
de Hamer
knaibles
de Tang
skrūvgriezis
de Schruvendreiher
kabatas lukturīti
de Taschenlamp
uzgriežņu atslēga
de Schruvenslötel

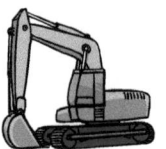

ekskavators

de Grieper

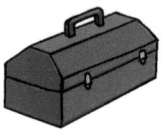

instrumentu kaste

de Warktüüchkassen

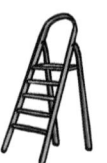

kāpnes

de Ledder

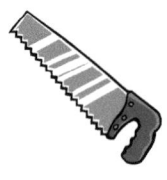

zāģis

de Saag

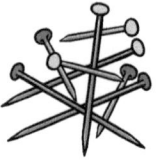

naglas

de Nagels

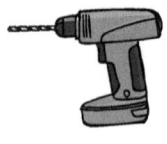

urbis

de Bohrer

remontēt

heelmaken

lāpsta

de Schüffel

Velns!

Schiet!

liekšķere

dat Kehrblick

krāsas bundža

de Farvpott

skrūves

de Schruven

mūzikas instrumenti
de Musikinstrumenten

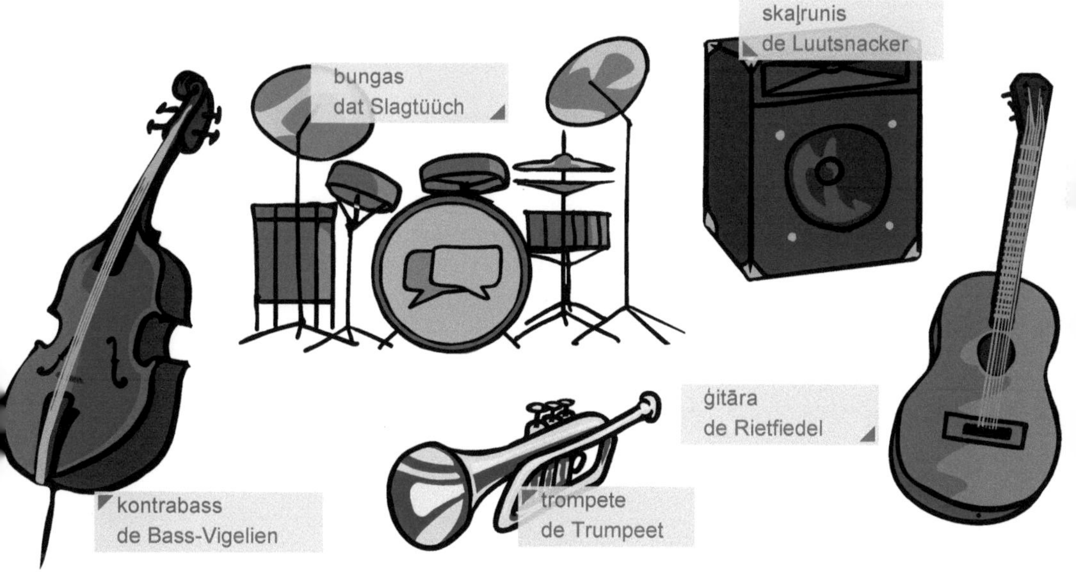

skaļrunis
de Luutsnacker

bungas
dat Slagtüüch

ģitāra
de Rietfiedel

kontrabass
de Bass-Vigelien

trompete
de Trumpeet

klavieres

dat Klaveer

vijole

de Vigelien

bass

de Bass

timpāni

de Pauk

bungas

de Trummeln

digitālās klavieres

dat Keyboard

saksofons

dat Saxophon

flauta

de Fleut

mikrofons

dat Mikrofoon

zooloģiskais dārzs
de Deertenpark

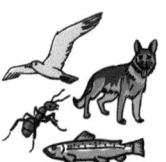

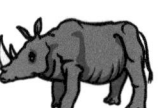

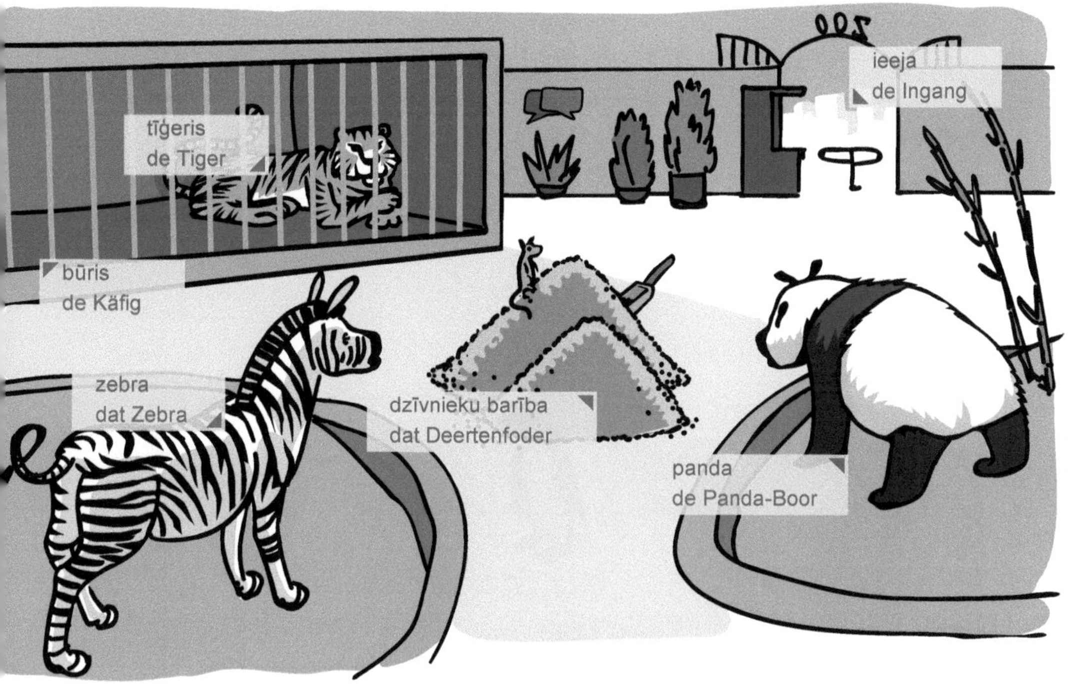
ieeja
de Ingang
tīģeris
de Tiger
būris
de Käfig
zebra
dat Zebra
dzīvnieku barība
dat Deertenfoder
panda
de Panda-Boor

dzīvnieki

de Deerten

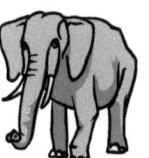

zilonis

de Elefant

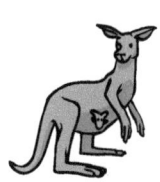

ķengurs

dat Känguru

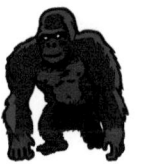

degunradzis

dat Neeshoorn

gorilla

de Gorilla

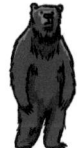

lācis

de Boor

kamielis

dat Kameel

strauss

de Struuß

lauva

de Lööv

pērtiķis

de Aap

flamings

de Flamingo

papagailis

de Papagoi

polārlācis

de Iesboor

pingvīns

de Pinguin

haizivs

de Haifisch

pāvs

de Pageluun

čūska

de Slang

krokodils

dat Krokodil

zoodārza sargs

de Oppasser in'n
Deertenpark

ronis

de Saalhund

jaguārs

de Jaguor

ponijs

dat Pony

leopards

de Leopard

nīlzirgs

dat Nilpeerd

žirafe

de Giraff

ērglis

de Aadler

meža cūka

dat Wildswien

zivs

de Fisch

bruņurupucis

de Schildkrööt

valzirgs

dat Walross

lapsa

de Voss

gazele

de Gazell

amerikāņu futbols
de Amerikaansch Football

riteņbraukšana
dat Radfohren

teniss
dat Tennis

basketbols
de Korfball

peldēšana
dat Swümmen

bokss
dat Boxen

hokejs
dat Ieshockey

futbols
de Football

badmintons
dat Fedderball

vieglatlētika
de Leichtathletik

rokas bumba
de Handball

slēpošana
dat Skilopen

polo
dat Polo

smieties
lachen

lēkt
springen

apskaut
ümarmen

iet
gahn

dziedāt
singen

sapņot
drömen

lūgt
beden

skūpstīt
snuteln

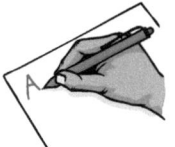

rakstīt

schrieven

zīmēt

teken

rādīt

wiesen

spiest

drücken

dot

geven

ņemt

nehmen

būt

hebben

darīt

doon

būt

sien

stāvēt

stahn

skriet

lopen

vilkt

trecken

mest

smieten

krist

fallen

gulēt

liggen

gaidīt

töven

nest

dregen

sēdēt

sitten

uzģērbt

antrecken

gulēt

slapen

pamosties

opwaken

skatīties

ankieken

raudāt

wenen

glāstīt

eien

ķemmēt

kämmen

runāt

snacken

saprast

verstahn

jautāt

fragen

dzirdēt

hören

dzert

drinken

ēst

eten

sakārtot

oprümen

mīlēt

leefhebben

vārīt

kaken

braukt

fohren

lidot

flegen

burot

segeln

rēķināt

reken

lasīt

lesen

mācīties

lehren

strādāt

arbeiden

precēties

de Plünnen tohoopsmieten

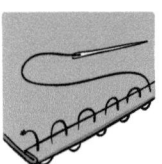

šūt

neihen

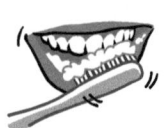

tīrīt zobus

Tähnen putzen

nogalināt

dootmaken

smēķēt

smöken

sūtīt

schicken

vecāmāte
de Grootmoder

vectēvs
de Grootvadder

tēvs
de Vadder

māte
de Moder

mazulis
dat Winnelkind

meita
de Dochter

dēls
de Söhn

viesis

de Gast

tante

de Tant

onkulis

de Unkel

brālis

de Broder

māsa

de Süster

ķermenis

de Lief

piere
de Vörkopp
acs
dat Oog
plecs
de Schuller
pirksts
de Finger
seja
dat Gesicht
zods
dat Kinn
roka
de Hand
kāja
dat Been
krūtis
de Bost
roka
de Arm

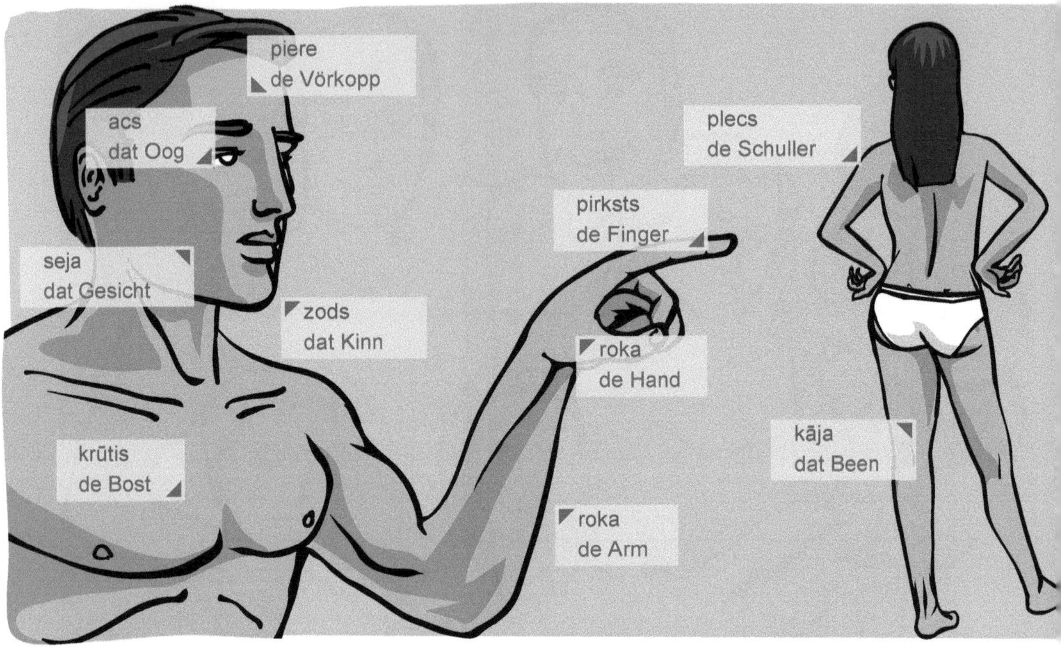

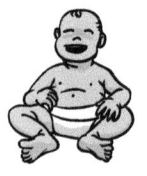

mazulis
dat Winnelkind

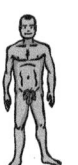

vīrietis
de Mann

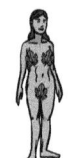

sieviete
de Fro

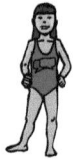

meitene
de Deern

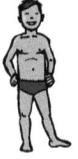

zēns
de Jung

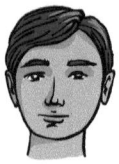

galva
de Arm

mugura

de Rüch

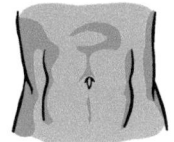

vēders

de Buuk

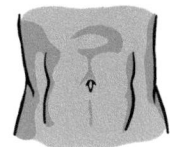

naba

de Navel

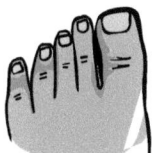

kājas pirksts

de Teh

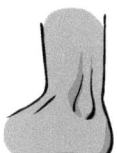

papēdis

de Hack

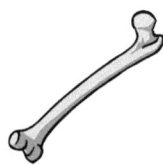

kauls

de Knaken

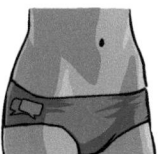

gurns

de Hüft

celis

dat Knee

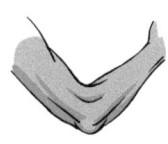

elkonis

de Ellbagen

deguns

de Nees

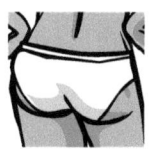

dibens

de Achtersen

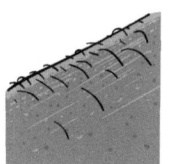

āda

de Huut

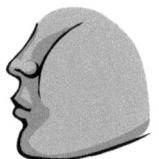

vaigs

de Back

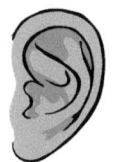

auss

dat Ohr

lūpa

de Lipp

mute
de Mund

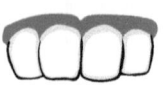

zobs
de Tähn

mēle
de Tung

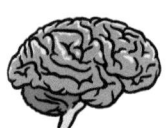

smadzenes
de Bregen

sirds
dat Hart

muskulis
de Muskel

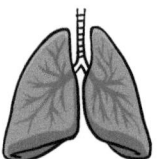

plaušas
de Lung

aknas
de Lever

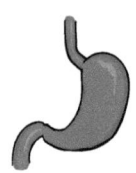

kuņģis
de Maag

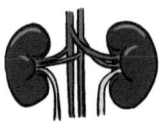

nieres
de Neren

dzimumakts
de Bislaap

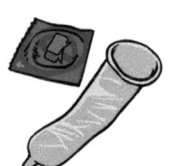

kondoms
dat Kondoom

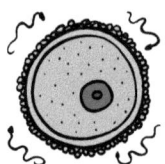

olšūna
de Eizell

sperma
dat Sperma

grūtniecība
de Anner Ümstänn

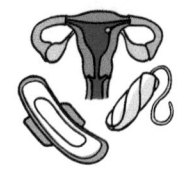

menstruācijas

de Menstruatschoon

vagīna

de Scheed

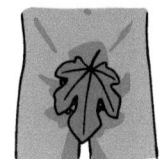

penis

de Pint

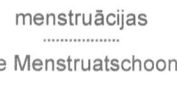

uzacs

de Ogenbroe

mati

dat Hoor

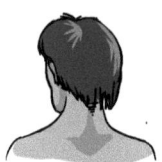

kakls

de Hals

slimnīca
dat Krankenhuus

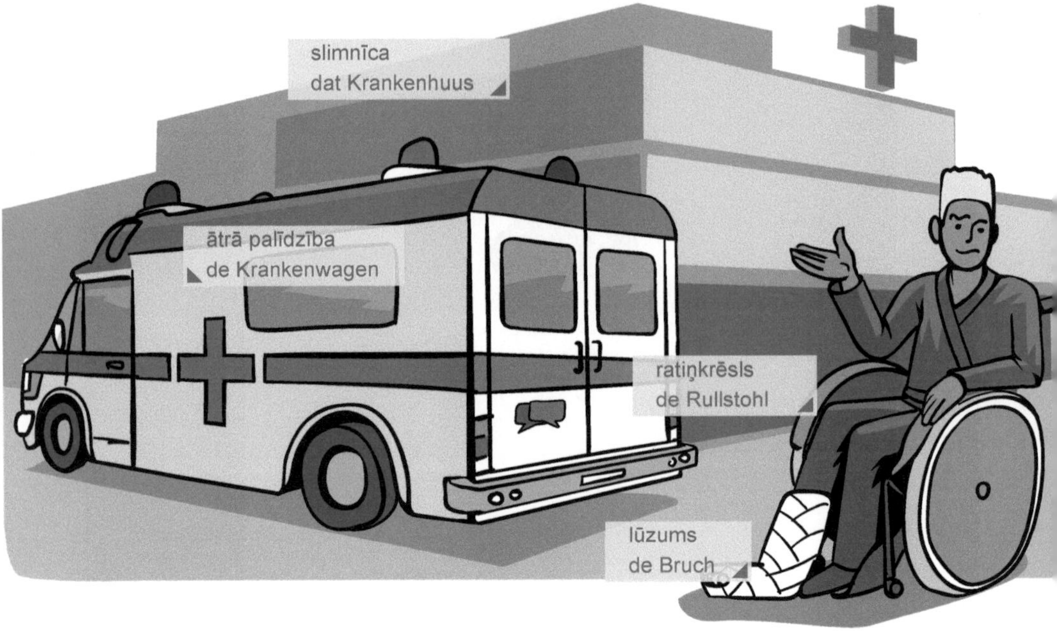

slimnīca
dat Krankenhuus
ātrā palīdzība
de Krankenwagen
ratiņkrēsls
de Rullstohl
lūzums
de Bruch

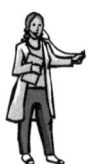

ārsts

de Dokter

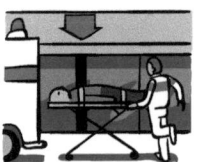

neatliekamās palīdzības nodaļa

de Nootopnahm

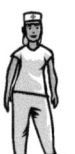

medmāsa

de Krankensüster

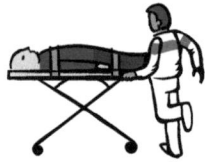

ārkārtas gadījums

de Nootfall

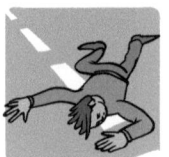

paģībis

ahnmächtig

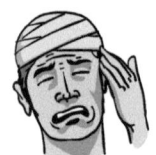

sāpes

de Wehdaag

ievainojums

de Verwunnen

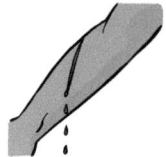

asiņošana

de Blöden

sirdslēkme

de Hartinfarkt

insults

de Slaganfall

alerģija

de Allergie

klepus

de Hoosten

temperatūra

dat Fever

gripa

de Gripp

caureja

de Dörchfall

galvassāpes

de Koppwehdaag

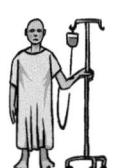

vēzis

de Kreeft

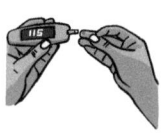

diabēts

de Zuckersüük

ķirurgs

de Chirurg

skalpelis

dat Chirurgsch Mess

operācija

de Operatschoon

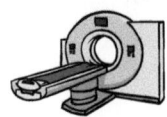

datortomogrāfija

dat CT

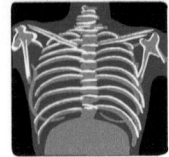

rentgents

de Dörchlüchten

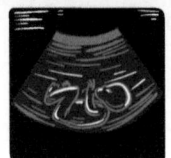

ultraskaņa

de Ultraschall

sejas maska

de Mask

slimība

de Krankheit

uzgaidāmā telpa

de Töövruum

kruķis

de Krück

plāksteris

dat Plaaster

apsējs

de Verband

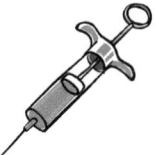

injekcija

de Insprütten

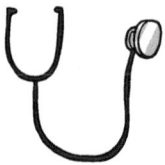

stetoskops

dat Stethoskop

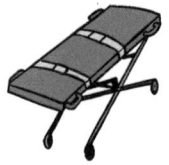

nestuves

de Draag

termometrs

dat Feverthermometer

dzemdības

de Geboort

liekais svars

dat Övergewicht

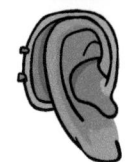

dzirdes aparāts

de Höörapparat

dezinfekcijas līdzeklis

dat Kiemfriemiddel

infekcija

de Ansteken

vīruss

de Virus

HIV / AIDS

dat HIV / AIDS

zāles

dat Heelmiddel

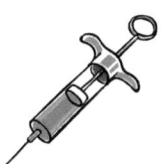

pote

de Impen

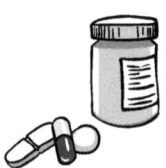

tabletes

de Tabletten

pretapaugļošanās tablete

de Pill

ārkārtas izsaukums

de Nootroop

asinsspiediena mērītājs

de Blootdruck-Meter

slims / vesels

krank / gesund

Palīgā!

Hölp!

trauksme

de Alarm

uzbrukums

de Överfall

uzbrukums

de Angreep

bīstamība

de Gefohr

avārijas izeja

de Nootutgang

Uguns!

dat Füer!

ugunsdzēšamais aparāts

de Füerlöscher

negadījums

de Unfall

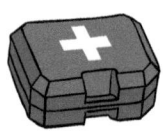

pirmās palīdzības aptieciņa

de Noothölpkoffer

SOS

SOS

policija

de Polizei

Eiropa

Europa

Ziemeļamerika

Noordamerika

Dienvidamerika

Süüdamerika

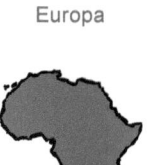

Āfrika

Afrika

Āzija

Asien

Austrālija

Australien

Atlantijas okeāns

de Atlantik

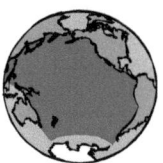

Klusais okeāns

de Pazifik

Indijas okeāns

dat Indisch Weltmeer

Dienvidu okeāns

dat Antarktisch Weltmeer

Ziemeļu ledus okeāns

dat Arktisch Weltmeer

Ziemeļpols

de Noordpol

Dienvidpols

de Süüdpol

Antarktika

de Antarktis

zeme

de Eerd

zeme

dat Land

jūra

de See

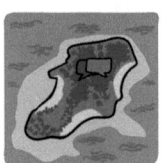

sala

dat Eiland

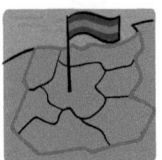

nācija

de Natschoon

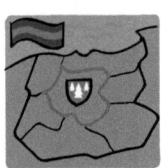

valsts

de Staat

ciparnīca

dat Tallenblatt

stundu rādītājs

de Stunnenwieser

minūšu rādītājs

de Minutenwieser

sekunžu rādītājs

de Sekunnenwieser

Cik ir pulkstenis?

Wo laat is dat?

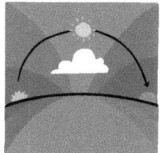

diena

de Dag

laiks

de Tiet

tagad

nu

digitālais pulkstenis

de digetaalsch Klock

minūte

de Minuut

stunda

de Stunn

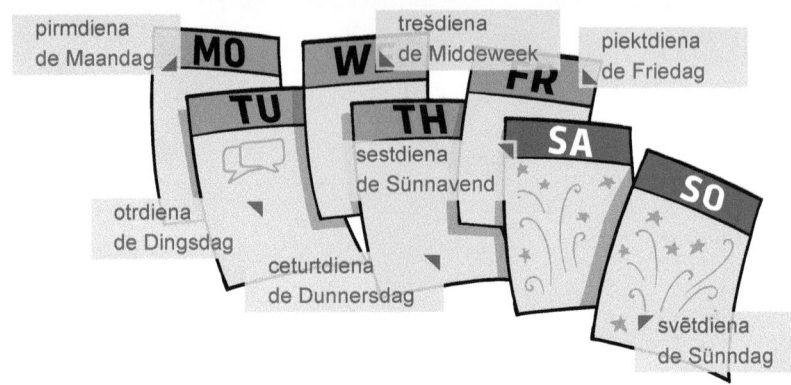

pirmdiena
de Maandag

trešdiena
de Middeweek

piektdiena
de Friedag

otrdiena
de Dingsdag

sestdiena
de Sünnavend

ceturtdiena
de Dunnersdag

svētdiena
de Sünndag

vakardien

güstern

šodien

hüüt

rītdien

morgen

rīts

de Morgen

pusdienlaiks

de Meddag

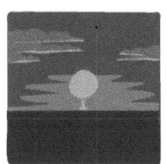

vakars

de Avend

darbadienas

de Arbeitsdaag

brīvdienas

dat Wekenenn

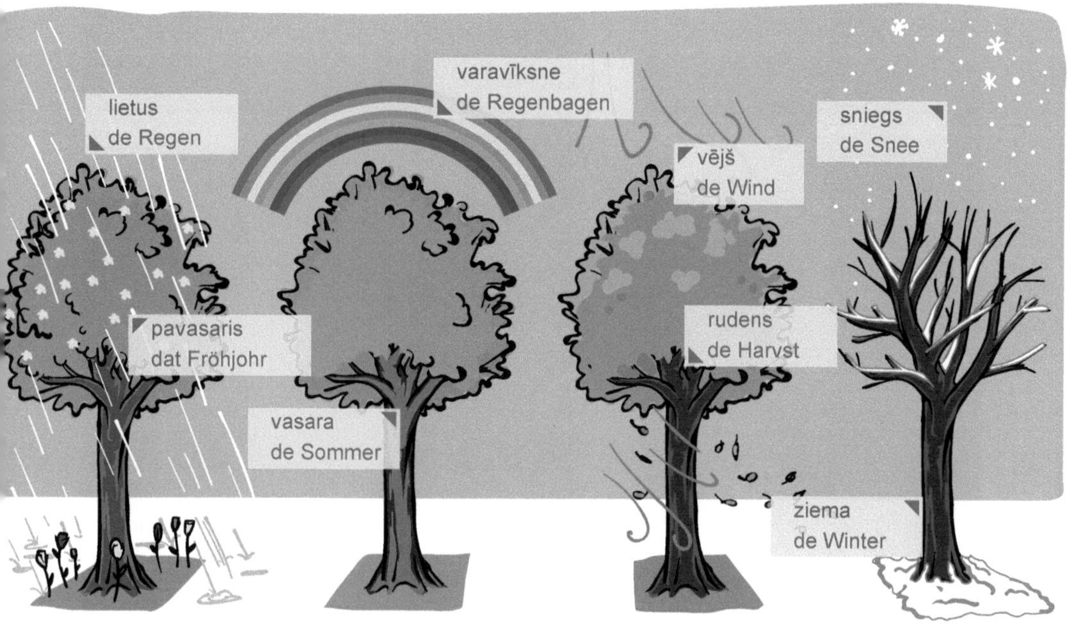

lietus
de Regen
varavīksne
de Regenbagen
sniegs
de Snee
vējš
de Wind
pavasaris
dat Fröhjohr
rudens
de Harvst
vasara
de Sommer
ziema
de Winter

4.APRIL 11°
5.APRIL 4°
6.APRIL 13°
7.APRIL 8°
8.APRIL 10°

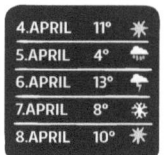

laika prognoze

de Wedervörhersaag

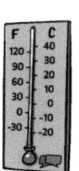

termometrs

dat Thermometer

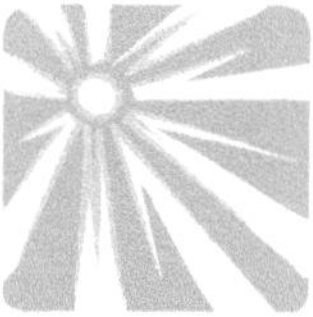

saules gaisma

de Sünnenschien

mākonis

de Wulk

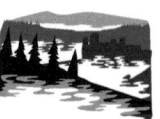

migla

de Nevel

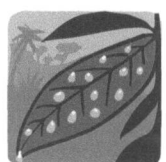

gaisa mitrums

de Luftfuchtigkeit

zibens

de Blitz

pērkons

de Dunner

vētra

de Storm

krusa

de Hagel

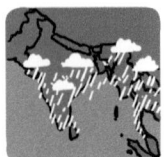

musons

de Monsun

plūdi

de Floot

ledus

dat Ies

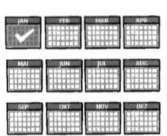

janvāris

de Januormaand

februāris

de Februormaand

marts

de Martmaand

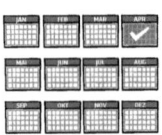

aprīlis

de Aprilmaand

maijs

de Maimaand

jūnijs

de Junimaand

jūlijs

de Julimaand

augusts

de Augustmaand

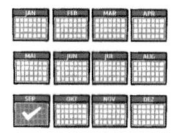

septembris
....
de Septembermaand

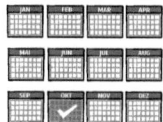

oktobris
....
de Oktobermaand

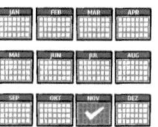

novembris
....
de Novembermaand

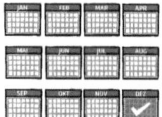

decembris
....
de Dezembermaand

aplis
....
de Krink

kvadrāts
....
dat Quadrat

četrstūris
....
dat Rechteck

trīsstūris
....
dat Dreeeck

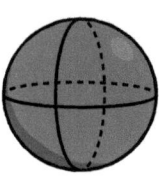

lode
....
de Kugel

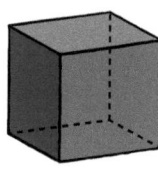

kubs
....
de Wörpel

balts

witt

dzeltens

geel

oranžs

orangsch

sārts

pink

sarkans

root

lillā

lila

zils

blau

zaļš

gröön

brūns

bruun

pelēks

gries

melns

swart

daudz / maz
veel / wenig

saniknots / miermīlīgs
böös / verdreeglich

skaists / neglīts
smuck / mies

sākums / beigas
de Begünn / dat Enn

liels / mazs
groot / lütt

gaišs / tumšs
hell / düüster

brālis / māsa
de Broder / de Süster

tīrs / netīrs
schier / schietig

pilnīgs / nepilnīgs
kumpleet / nich kumpleet

diena / nakts
de Dag / de Nacht

miris / dzīvs
doot / lebennig

plats / šaurs
breet / small

baudāms / nebaudāms

geneetbor / nich geneetbor

nikns / laipns

böös / fründlich

satraukts / garlaikots

fickerig / langwielt

resns / tievs

dick / dünn

pirmais /pēdējais

toeerst / toletzt

draugs / ienaidnieks

de Fründ / de Fiend

pilns / tukšs

vull / leddig

ciets / mīksts

hart / week

smags / viegls

swoor / licht

izsalkums / slāpes

de Smacht / de Döst

slims / vesels

krank / gesund

nelegāls / legāls

nich na't Recht / na't Recht

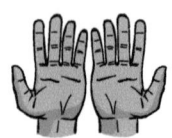

inteliģents / dumjš

klook / dummerhaftig

kreisais / labais

linkerhand / rechterhand

tuvu / tālu

neeg / feern

jauns / lietots

nieg / bruukt

nekas / kaut kas

nix / wat

vecs / jauns

oolt / jung

ieslēgts / izslēgts

an / ut

atvērts / slēgts

apen / slaten

kluss / skaļš

lies / luut

bagāts / nabags

riek / arm

pareizi / nepareizi

richtig / verkehrt

raupjš / gluds

ruug / glatt

noskumis / laimīgs

trurig / glücklich

īss / garš

kort / lang

lēns / ātrs

suutje / flink

slapjš / sauss

natt / dröög

silts / vēss

warm / köhl

karš / miers

de Krieg / de Freden

0

nulle

null

1

viens

een

2

divi

twee

3

trīs

dree

4

četri

veer

5

pieci

fief

6

seši

söss

7

septiņi

söven

8

astoņi

acht

9

deviņi

negen

10

desmit

teihn

11

vienpadsmit

ölven

12
divpadsmit

twölf

13
trīspadsmit

dörteihn

14
četrpadsmit

veerteihn

15
piecpadsmit

föffteihn

16
sešpadsmit

sössteihn

17
septiņpadsmit

söventeihn

18
astoņpadsmit

achtteihn

19
deviņpadsmit

negenteihn

20
divdesmit

twintig

100
simts

hunnert

1.000
tūkstotis

dusend

1.000.000
miljons

million

anglu

dat Engelsch

amerikāņu anglu

dat Amerikaansch Engelsch

ķīniešu mandarīnu valoda

dat Chineesch Mandarin

hindi

dat Hindi

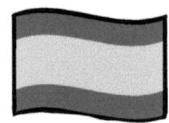

spāņu

dat Spaansch

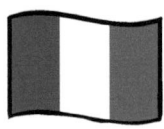

franču

dat Franzöösch

arābu

dat Araabsch

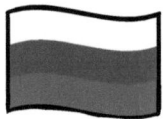

krievu

dat Rusch

portugāļu

dat Portugiesch

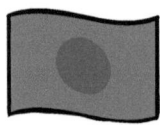

bengāļu

dat Bengaalsch

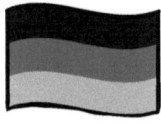

vācu

dat Düütsch

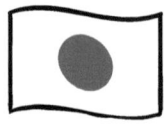

japāņu

dat Japaansch

es
ik

tu
du

viņš / viņa
he / se / dat

mēs
wi

jūs
ji

viņi / viņas
se

kas?
keen?

ko?
wat?

kā?
woans?

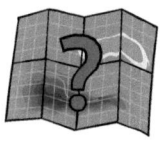

kur?
woneem?

kad?
wannehr?

vārds
de Naam

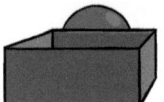

aiz

achter

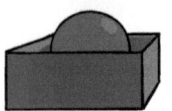

iekšā

in

priekšā

vör

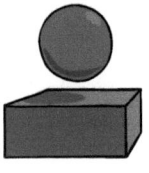

virs

över

uz

op

zem

ünner

blakus

blangen

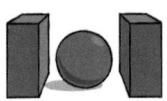

starp

twüschen

vieta

de Oort